Åsa Gilland

Das ist unsere Welt

Tracey Turner

Aus dem Englischen von
Mathias Jeschke

Sauerländer

Dieses Buch ist für
Francesca Beresford-Brown,
ein Mensch voller Freude, groß-
herzig und absolut unvergessen.
Sie bedeutete uns eine Welt.

Mit Dank an die Gemeinde Mutitjulu
und alle, die an der Entstehung von
Text und Illustrationen beteiligt waren.
Und an Leslie und Alex Norton,
die uns so herrlich vom Leben in
New York City erzählt haben.

HALLO AUS ALLER WELT

Auch wenn wir alle Menschen sind, leben wir doch auf ganz verschiedene Weise.
Die Kinder in diesem Buch zeigen dir, wie.

Wie wir leben, hängt davon ab, wo wir leben. Entweder wir wohnen in einer Hochhaussiedlung in einer großen Stadt und fahren mit dem Bus zur Schule. Oder wir leben in einem Dorf inmitten der Mangrovenwälder, und zur Schule bringt uns ein Boot. Oder unser Zuhause ist in den Bergen, und wir sausen mit einer Seilbahn zur Schule.

Ein Großteil der Menschen in dieser Welt lebt in Städten, wie auch drei der Kinder in diesem Buch. Viele aber leben auf dem Land. Manche ziehen wie ihre Vorfahren seit Jahrhunderten mit ihren Herden umher. Das Leben vieler Menschen hat sich seither verändert oder aber es wird sich in Zukunft ändern müssen, um mit den Veränderungen in der modernen Welt mithalten zu können. Der unaufhaltsame Klimawandel geht uns alle an, insbesondere wenn wir an Orten leben, die sich nah am Meer oder in der Nähe der Arktis befinden. Manche Orte und manche Lebensweisen sind gefährdeter als andere.

Wo auch immer und wie auch immer wir leben,
es verbindet uns mehr, als uns trennt.

DIE WILDNIS ALASKAS
DIE SHETLAND-INSELN
NEW YORK CITY
VENEDIG
SUPAI, ARIZONA, USA
DJENNÉ, STADT AUS LEHMZIEGELN
DER AMAZONAS-REGENWALD
DIE YUNGAS IN BOLIVIEN
UNSERE WELT

NORD-NORWEGEN
DIE JAMAL-HALBINSEL, RUSSLAND
DIE WESTLICHE MONGOLEI
BEIJING, CHINA
FELSENWOHNUNGEN IN KAPPADOKIEN
DAS LÄNDLICHE JAPAN
DIE SUNDARBANS
DIE SAHARA
SCHWIMMENDES DORF, KAMBODSCHA
DIE AFRIKANISCHE SAVANNE
AUSTRALIEN
VANUATU IM SÜDPAZIFIK

DIE SUNDARBANS

Ich heiße Nasima und lebe in einem kleinen Dorf auf einer Insel in den Sundarbans in Bangladesch, dort wo der Dschungel auf das Meer trifft. Es gibt hier Mangrovenbäume, Sanddünen und das Wattenmeer. Bei Flut winden sich Flüsse durch den Dschungel.

Ich lebe hier mit meinen Brüdern Arjan und Debnath und unseren Eltern. Täglich fahren wir mit dem Boot meines Vaters zur Schule in eine nahegelegene Stadt.

Im Dschungel und im Meer finden wir alles, was wir brauchen. Wir schlagen Feuerholz im Wald, ernten Bienenhonig und fangen Fische und Krabben. Aber es gibt auch VIELE GEFAHREN …

Im Dschungel gibt es gefährliche Tiger. Manche Leute tragen sogar eine Gesichtsmaske am Hinterkopf, um Tiger zu täuschen, die sich von hinten heranschleichen. Dennoch werden jedes Jahr Menschen getötet, auch von Krokodilen und lebensgefährlichen Schlangen. Zudem ist es nicht einfach, ein Krankenhaus zu erreichen. Behandlungen sind teuer, es gibt zu wenig Essen und zu wenig Geld.

Wir bitten die Göttin Bonbibi, uns vor Gefahr zu behüten, und versprechen, nicht mehr aus der Natur zu nehmen, als wir benötigen.

FELSENWOHNUNGEN IN KAPPADOKIEN

Ich heiße Esrin. Ich lebe mitten in der Türkei in einer Stadt, die aus dem Felsen herausgeschlagen wurde. Das ist einzigartig in der Welt.

Der Fels besteht aus Tuffstein, Vulkanasche, die vor Millionen von Jahren ausgestoßen wurde. Höhlen, Türme, Kegel und viele andere Formen entstanden so. Vor Hunderten von Jahren begannen Menschen damit, Wohnungen in den Felsen hineinzuschlagen.

Die Stadt, in der ich wohne, heißt Göreme. Viele Häuser sind in die Felsen hineingebaut, manche von ihnen sind unterirdische Höhlen. Dort gibt es Feuerstellen zum Kochen und Nischen in den Wänden, in denen meist Webstühle stehen. Die Häuser sind im heißen, trockenen Sommer kühl und im kalten, verschneiten Winter warm.

Nicht alle Gebäude sind in den Felsen gebaut. Meine Schule zum Beispiel ist ein ganz normales Haus.

Seit Tausenden von Jahren leben Menschen in dieser Gegend. Nicht weit von hier gibt es sogar Städte, die elf Stockwerke tief in die Erde reichen.

Die bemerkenswertesten Gebäude in Göreme sind mehr als 30 christliche Kirchen mit wunderschönen Kunstwerken an den Wänden, die vor über tausend Jahren in die Felsen gebaut wurden. Sie gehören jetzt zu einem Freilichtmuseum. Einige der Kirchen haben besondere Namen – Kirche des Apfels, Kirche der Schlange, Kirche der Sandale und – Namenlose Kirche!

Manche Touristen machen eine Fahrt mit dem Heißluftballon, um die Stadt und die Kirchen aus der Vogelperspektive zu erleben.

Sprache: Türkisch

Einwohner in Göreme: 2000

Kappadokien ist eine 5000 km² große Region in der Türkei.

DIE WILDNIS ALASKAS

Ich bin Jack und wohne in einem Blockhaus zwischen Wäldern und Bergen inmitten der Wildnis Alaskas. Die nächsten Nachbarn sind weit entfernt. Hier gibt es nur meine Schwester und meine Eltern und mich.

Es gibt keine Straße. Es dauert zwei Stunden, um in die Stadt zu kommen. Wir überqueren Flüsse, gehen durch Wälder, hohes Gras und die Tundra (im Sommer ist das, wie auf einem Schwamm zu gehen). Wir machen dabei viel Lärm, damit uns kein Bär überrascht, denn die können sehr gefährlich werden, besonders wenn sie Junge haben. Aber sobald sie dich hören, bleiben sie weg.

Im Winter wird es SEHR kalt. Wenn genug Schnee liegt, fahren wir mit dem Schneemobil in die Stadt. Das geht schnell, und wir können große, schwere Sachen – sogar einen Ofen oder eine Waschmaschine – transportieren.

Wir haben kein fließendes Wasser und auch keinen Strom. Wasser holen wir aus einer Quelle. Um Strom zu gewinnen, haben wir Solarzellen. Und im Winter, wenn es nicht genügend Sonne gibt, lassen wir einen Generator laufen. Papa arbeitet für eine Firma in San Diego, aber von zu Hause, mitten im Nirgendwo.

Wir werden zu Hause unterrichtet. Es gibt zwar kein Fernsehen, aber das Internet und VIELE Bücher. Oft chatten wir mit unseren Verwandten am Computer, manchmal besuchen sie uns auch. Wir sind zwar ganz für uns, aber einsam sind wir nicht.

Einwohner Alaskas: 740 000

Einwohner der USA: 327 Millionen

Sprachen: Englisch und 20 verschiedene regionale Sprachen

Venedig

Ich bin *Massimo* und ich lebe in einer außergewöhnlichen Stadt in Italien. Statt Autos und Straßen gibt es Boote und Kanäle. Jedes Jahr kommen sieben Millionen Touristen, denn Venedig ist die schönste Stadt der Welt.

Die Stadt wurde an einer flachen Stelle der Lagune erbaut. Die Fundamente, auf denen die Stadt entstand, wurden ins Wasser hinabgelassen. Venedig besteht aus vielen, durch Brücken miteinander verbundene Inseln. 150 Kanäle fließen mitten hindurch.

Am besten geht man hier zu Fuß. Zu meiner Schule brauche ich eine halbe Stunde, und in einer Stunde schafft man es einmal durch die ganze Stadt. Man kann auch ein Boot nehmen. Die für Venedig berühmten Boote heißen Gondeln, es gibt sie seit mehr als tausend Jahren.

Einwohner in Venedig:
55 000
(125 000 weniger als im Mittelalter)

Gebiet: 415 km²
(Lagune von Venedig: 5950 km²)

Sprachen: Italienisch, Venezianischer Dialekt

Durch das Zusammenwirken von Gezeiten und Klima gibt es manchmal Hochwasser, das die Straßen überflutet. Entweder hast du dann kniehohe Gummistiefel oder kennst einen Weg, auf dem du die überfluteten Straßen umgehen kannst. Die globale Erwärmung ist eine große Bedrohung für Venedig, da die Stadt auf der Höhe des Meeresspiegels liegt.

So oft ich kann, spiele ich mit meinen Freunden Fußball. Wenn der Ball im Kanal landet, fischen wir ihn mit einem langen Stock wieder heraus. Oder ein freundlicher Mensch in einem Boot wirft ihn zurück.

DIE AFRIKANISCHE SAVANNE

Bevölkerung der Massai:
500 000

Das Gebiet der Massai
befindet sich in Kenia und im Norden von Tansania, es ist etwa 160 000 km² groß

Sprachen:
Maa, Swahili, Englisch

Hallo! Ich heiße Namelok und bin eine Massai. Ich lebe in einem Dorf in Kenia, in der Serengeti – das ist das Massai-Wort für »endlose Ebene«.

Das Dorf besteht aus acht Hütten, die von den Massaifrauen gebaut wurden. Meine Mutter hat unsere Hütte aus Ästen, Lehm, Gras und Dung errichtet. Um die Elefanten, Giraffen, Zebras, Löwen, Hyänen und Schakale von unserem Dorf fernzuhalten, haben die Männer einen großen und stachligen Zaun aufgestellt.

Massai leben von der Viehhaltung. Die Jungs hüten die Rinder- und Ziegenherden, abends bringen sie sie zum Schutz vor Raubtieren in ein Gehege. Die Tiere haben Glocken mit unterschiedlichen Tönen. So wissen wir ohne hinzusehen, um welches Tier es sich handelt.

Die Frauen und Mädchen melken die Ziegen und Kühe. Zu besonderen Anlässen trinken wir Tierblut – das schadet den Tieren nicht und verleiht uns Stärke.

Ich mag meine Schule sehr, in die ich mit meinem Bruder und meinen zwei Schwestern gehe. Wenn ich groß bin, möchte ich Ärztin werden.

Nach der Schule hole ich mit meiner Mutter Wasser. In der Trockenzeit gibt es nicht viel, und wir müssen sehr sparsam damit umgehen. Die Esel kommen mit, um das Wasser zu tragen.

Am liebsten spiele ich Fußball, reite auf den Eseln und höre den Geschichten meiner Mutter oder Großmutter zu.

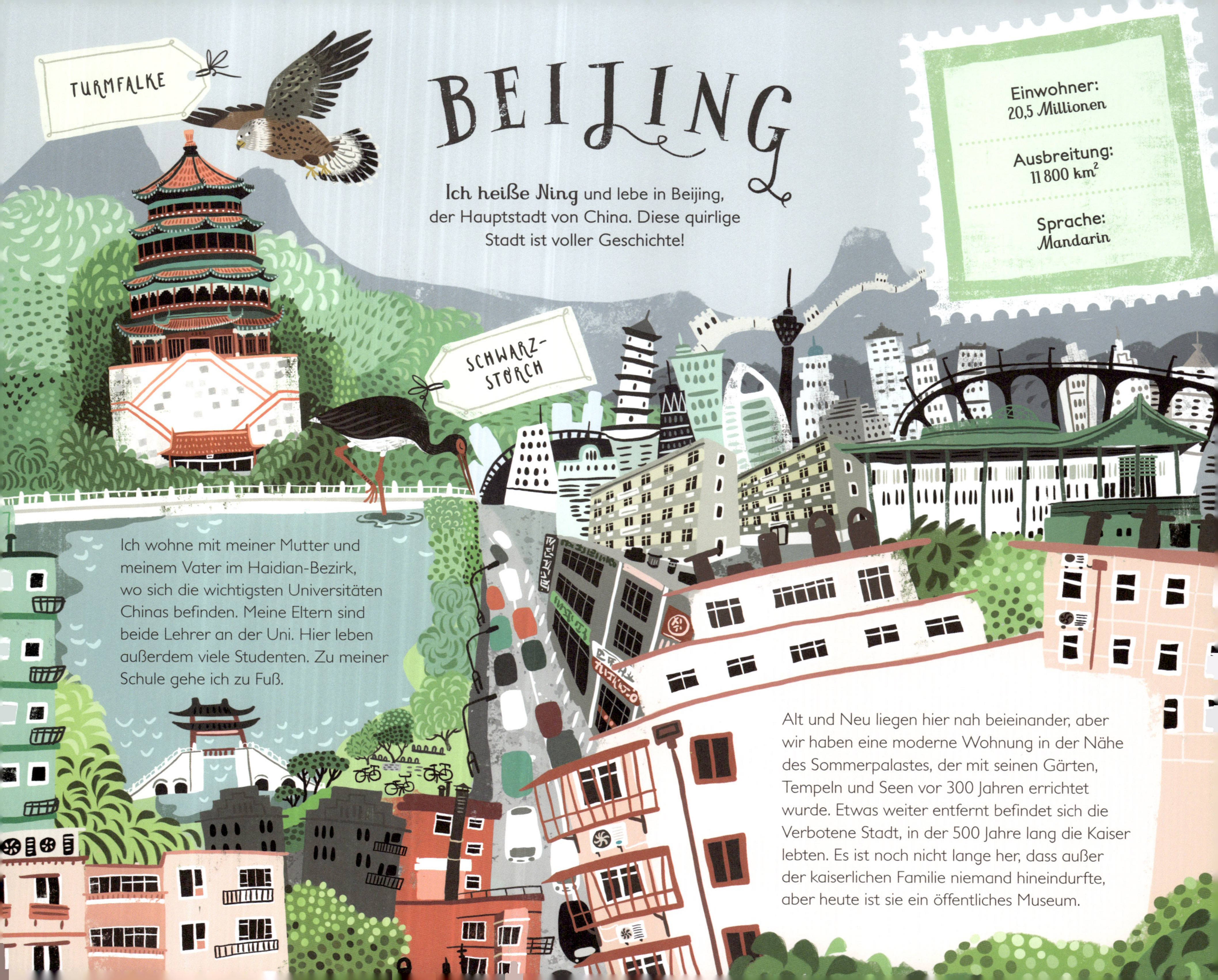

BEIJING

Ich heiße Ning und lebe in Beijing, der Hauptstadt von China. Diese quirlige Stadt ist voller Geschichte!

Einwohner:
20,5 Millionen

Ausbreitung:
11 800 km²

Sprache:
Mandarin

Ich wohne mit meiner Mutter und meinem Vater im Haidian-Bezirk, wo sich die wichtigsten Universitäten Chinas befinden. Meine Eltern sind beide Lehrer an der Uni. Hier leben außerdem viele Studenten. Zu meiner Schule gehe ich zu Fuß.

Alt und Neu liegen hier nah beieinander, aber wir haben eine moderne Wohnung in der Nähe des Sommerpalastes, der mit seinen Gärten, Tempeln und Seen vor 300 Jahren errichtet wurde. Etwas weiter entfernt befindet sich die Verbotene Stadt, in der 500 Jahre lang die Kaiser lebten. Es ist noch nicht lange her, dass außer der kaiserlichen Familie niemand hineindurfte, aber heute ist sie ein öffentliches Museum.

Und dann gibt es etwas, das noch berühmter ist als die Verbotene Stadt: die große Chinesische Mauer. Sie windet sich über eine Strecke von 21000 Kilometern durch das ganze Land und wurde einst errichtet, um Feinde aus dem Norden fernzuhalten.

Es gibt wunderschöne Tage unter blauem Himmel in Beijing. Die Menschen treffen sich zum Line Dance in den Parks oder machen dort am Morgen Tai-Chi. Doch wegen der Abgase, der Kraftwerke und der staubigen Wüstenstürme entsteht auch immer wieder Smog. Dann müssen wir Masken tragen, um den Schmutz nicht einzuatmen.

AMAZONAS

Ich heiße *Marcia* und ich lebe im Amazonas-Regenwald in Brasilien, in einem Dorf am Ufer des langen und breiten Flusses Tapajós.

Ich lebe dort mit meinen Eltern, mit fünf Brüdern und Schwestern und mit unseren Haustieren: dem Kapuzineräffchen Chico und unserem Hund Fofo. Wir gehen in unserem Dorf zur Schule und werden dort in Mathematik, Lesen und Schreiben, Geschichte und Erdkunde unterrichtet.

Mein Vater behauptet, dass wir die wichtigsten Dinge zu Hause lernen, nämlich über das Jagen, Fischen und über Pflanzen, außerdem alles über den Regenwald, was in ihm lebt und wächst, was giftig ist und was nicht. Der Wald und der Fluss geben uns alles, was wir zum Leben brauchen.

REGENWALD

Nach der Schule helfe ich meiner Mutter bei der Hausarbeit, wir mahlen dann zum Beispiel Maniok zu Mehl. Wenn das erledigt ist, spiele ich Fußball oder ich gehe mit meinen Freundinnen im Fluss schwimmen. Manchmal bekommen wir sogar Amazonasdelfine zu sehen.

Gebiet des Volkes der Munduruku
24 000 km²

Bevölkerung der Munduruku: 14 000

Sprachen:
Munduruku, Portugiesisch

Wir gehören zum Volk der Munduruku, früheren Kriegern. Heute kämpfen wir gegen die Gefährdung des Regenwalds, die auch unsere Art zu leben bedroht. Es gibt Menschen, die anstelle des Regenwalds Viehweiden oder Reisfelder anlegen, und Firmen, die alle Bäume fällen wollen. Und die Regierung plant Dämme, die den Wald und damit auch unsere Dörfer unter Wasser setzen, um Energie zu gewinnen. Ständig und an allen Stellen des Waldes sind Menschen, Tiere und Pflanzen im Amazonasgebiet bedroht.

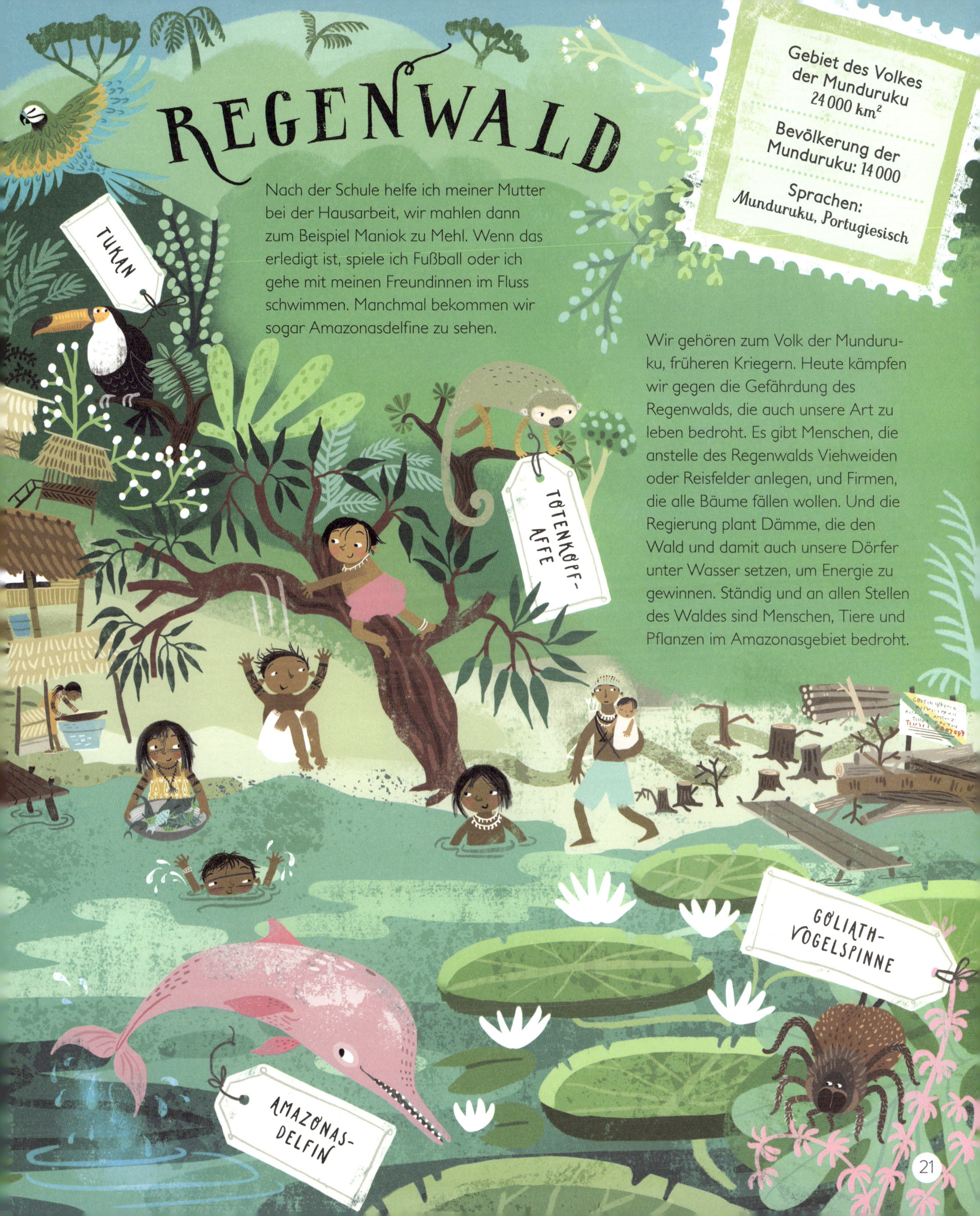

DAS LÄNDLICHE JAPAN

Hallo, ich heiße Momoko und wohne in Kamiyama, einem Dorf auf der japanischen Insel Shikoku.

Ich lebe jetzt dort mit meinen Eltern und meiner Schwester Yume. Vorher haben wir in Tokio gewohnt, einer der größten Städte der Welt.

Auf dem Land leben immer weniger Menschen, da die jungen Leute alle in die Städte ziehen. Deswegen gibt es sehr viele alte Menschen hier. Die Regierung ermuntert die jungen Menschen dazu, aufs Land zu ziehen. Und es funktioniert: Sie kommen und bleiben, weil es hier so viel schöner ist, weit weg von den Menschenmassen, umgeben von Bergen und Flüssen.

Die Schule, auf die ich gehe, ist klein – es gibt nicht viele Kinder hier. Und wenn ich auf die Oberschule komme, muss ich weit fahren, da es hier in Kamiyama keine gibt. Doch wer weiß, vielleicht gibt es doch bald mehr Kinder, wenn immer mehr Familien herziehen. Dann muss eine Oberschule gebaut werden.

Einwohner der Stadt Kamiyama: 6200

Einwohner Japans: 127 Millionen

Sprache: Japanisch

Am liebsten mag ich das Kirschblütenfest im Frühling, wenn die Sakura blüht, eine Blütenpracht in Rosa und Weiß.

Kamiyama bedeutet »Gottes Berg«. Nicht weit von uns gibt es einen alten buddhistischen Schrein. Die Menschen kommen hierher, um in einem der 88 Tempel zu beten.

Bevölkerung von Norwegen: 5,5 Millionen

Bevölkerung auf der Insel Sørøya: 1100

Sprachen: Norwegisch, Samisch und Englisch

NORD-NORWEGEN

Hallo, ich heiße Nettie. Ich lebe hoch im Norden von Norwegen auf einer Felseninsel mit Namen Sørøya, auf der die höchsten Gipfel von ewigem Schnee bedeckt sind.

Meine Mutter sorgt für mich und meine beiden kleinen Schwestern Ingrid und Else. Sie fährt uns im Auto zur Schule nach Hasvik, das dauert eine halbe Stunde.

Unser Dorf heißt Sørvær. Die meisten Leute leben hier vom Fischen, genau wie mein Vater. Die Boote werden meist von Orcas und Buckelwalen begleitet, denn auch die sind auf Herings- und Kabeljauschwärme aus. Die Fischbestände nehmen ab, und das macht meinem Vater Sorgen.

Bei uns geht im Sommer die Sonne nie unter! Wenn wir nicht in der Schule sind, suchen wir im Wasser nach Tieren, klettern auf Felsen oder fahren mit dem Rad einmal um die ganze Insel.

Im Winter schafft es die Sonne nie über den Horizont. Doch auch wenn wir sie nicht zu sehen bekommen, färbt das Tageslicht den Himmel häufig orange, rot, rosa oder lila. Und manchmal, in klaren Nächten, können wir Nordlichter sehen, ein aufsehenerregendes Flackern und Leuchten am Himmel in Rosa, Grün, Gelb, Lila und Blau. Das entsteht durch elektrische Partikel im All. Aber eigentlich mag ich die Geschichten lieber, die erzählen, es handele sich um die Reflektion eines großen Heringsschwarms oder aber um eine Brücke, die ins Leben nach dem Tod führt.

Die dunklen Winter verbringen meine Schwestern und ich mit Lesen. Wir schreiben sogar Bücher. Ingrid kann am besten zeichnen, sie kümmert sich um die Bilder.

DIE SAHARA

KAPPENGEIER

Mein Name ist Bachir und ich lebe mit meiner Familie in der Sahara. Wir ziehen mit unseren Kamelen, Rindern und Ziegen durch die Wüste auf der Suche nach Wasser und Gras.

MÄHNEN-SPRINGER

Einwohner:
2,5 Millionen

Gebiet: Die Tuareg leben in verschiedenen Ländern der Sahara: Niger, Mali, Libyen, Algerien, Burkina Faso und Nigeria.

Sprachen: Tamascheq, Französisch

Bei uns heißt es: Die Wüste hat keine Geheimnisse vor den Tuareg. Denn unser Volk weiß alles, was man wissen muss, um hier leben zu können. Seit über 1000 Jahren handelt es mit Gold, Gewürzen, Salz, Lebensmitteln und Bekleidung – und nie am selben Ort. Unser Gebiet wurde unter verschiedenen Ländern aufgeteilt, und die Tuareg haben lang darum gekämpft, weiter umherziehen zu dürfen.

Später werde auch ich einen Turban aus blauem Tuch tragen. Mit ihm bedecke ich mein Gesicht wie die anderen Männer, die »blaue Ritter der Wüste« genannt werden, weil das Indigo des Tuchs ihre Gesichtshaut färbt.

Einmal im Jahr veranstalten die Tuareg ein Festival mit Tanz, Musik und Dichtung. Am liebsten mag ich die Musik der Band Tinariwen. Tinariwen bedeutet »Wüsten« – für uns gibt es nicht nur eine, sondern viele.

Die Wüste trocknet zunehmend aus, und viele Tiere mussten bereits sterben. Doch unser Leben bestand immer schon aus dem beständigen Wechsel: Bald werden wir in einem Dorf leben, in dem ich mit meinen vier Brüdern und Schwestern zur Schule gehe. Dort gibt es eine Quelle für die Herden. Das neue Leben wird einfacher sein, aber meine Eltern und Großeltern trauern dem alten schon jetzt hinterher.

Vanuatu im Südpazifik

Ich heiße *Monique* und lebe in Vanuatu, einer Inselkette im Pazifischen Ozean, die aus Vulkanen und Korallenriffen besteht. Meine Insel, Espiritu Santo, ist von Wald bedeckt und vom blauen Meer umgeben.

Wir sind Bauern, wir ernten Kokosnüsse, Vanille und Kakao und halten Schweine. Es gibt Kokoskrabben, die klettern die Palmen hinauf, schneiden die Früchte mit ihren Scheren ab, so dass sie hinunterfallen und zerplatzen. Dann können sie sie fressen.

Tagsüber arbeiten die Erwachsenen in den Gärten beim Dorf, wir Kinder gehen in die Schule. Ich und meine große Schwester kümmern uns währenddessen um unsere drei jüngeren Brüder.

Nach der Schule baden wir in der Lagune, in den Flüssen der Insel oder im Meer. Manchmal sehen wir Schildkröten oder Dugongs, das sind besondere Seekühe. Das Meer ist voller Leben, doch das ist gefährdet. Große Firmen fangen Fische für Aquarien am Riff der Insel Efate, sie haben das Riff beschädigt und viele Fische gefangen oder getötet. Es gibt nur noch wenige Karettschildkröten auf der Welt. Bei Port Vila, der Hauptstadt, setzen sich Menschen in einer Schildkrötenstation für sie ein. Auch ich möchte Meeresbiologin werden und dabei helfen, Schildkröten, Korallen und andere Meereslebewesen zu schützen.

Es gibt auch Gefahren für Menschen auf Vanuatu, aktive Vulkane und manchmal sogar Erdbeben. Am gefährlichsten aber sind die fürchterlichen Stürme, die zwischen November und April über die Insel toben.

SUPAI, ARIZONA

Ich heiße Leo. Ich lebe – inmitten der roten Wände des weltberühmten Grand Canyons – in Supai, einem abgelegenen Dorf im Staat Arizona in den USA.

ROTSCHWANZ-BUSSARD

KALIFORNISCHER KONDOR

Nach Supai kommt man zu Fuß, per Pferd oder mit dem Hubschrauber. Die nächstgelegene Straße ist 13 Kilometer entfernt. Alles – Lebensmittel, Kleider, Baumaterial und Menschen – muss diesen Weg nehmen.

Es gibt 326 Reservate mit 567 einheimischen Stämmen in den Vereinigten Staaten.

Einwohner Supais:
200

Einwohner des Havasupai-Reservats:
600

Sprachen:
Havasupai, Englisch

Supai gehört zu einem Reservat unter der Leitung amerikanischer Ureinwohner, doch auch wir sind Bürger der Vereinigten Staaten.

Wir sind amerikanische Ureinwohner vom Stamm der Havasupai, das heißt »Menschen vom blaugrünen Wasser«. Nicht weit vom Dorf entfernt gibt es einen türkisfarbenen Fluss und Wasserfall.

Die Treppe beim Wasserfall in den Canyon hinab ist glitschig und gefährlich.

Seit 100 Jahren ist der Grand Canyon ein Nationalpark, doch wir Ureinwohner leben hier schon seit über 1000 Jahren.

Wir müssen den Canyon schützen. Ich habe den Präsidenten der Vereinigten Staaten in einem Brief darum gebeten, eine Uranmine in der Nähe von Supai zu schließen, die das Wasser für Menschen und Tiere wie den Berglöwen verschmutzt.

SCHWIMMENDES DORF IN KAMBODSCHA

Ich heiße Nou und wohne in Kompong Phluk, einem Dorf am Tonle-Sap-See in Kambodscha. Unsere Häuser sind auf Pfählen errichtet, da das Dorf zeitweilig überschwemmt wird.

Der Tonle-Sap ist ein großer See, der in der Regenzeit jedoch VIEL größer ist als in der Trockenzeit. Wenn das Dorf überschwemmt ist, kann man die Pfähle nicht sehen. Für alle Wege nehmen wir dann das Boot, zur Schule, zum Tempel, zum Gemeindezentrum und zu unseren Freunden.

In der Trockenzeit sinkt der Wasserspiegel um acht Meter. Zu dieser Zeit brauchen wir Leitern, um in unsere Häuser zu kommen. Dann gibt es eine Straße durch das Dorf, und ich kann wieder Fahrrad fahren.

Unser Trinkwasser bekommen wir aus dem See, und die meisten Menschen leben auch vom See. Ich helfe meinem Vater beim Fischen, flicke Netze und lege den Fisch für den Verkauf auf dem Markt ins Eis. Wenn du in der Mitte des Sees bist, kannst du kein Ufer mehr erkennen, nur Wasser.

Einwohner von Kompong Phluk: 3000

Einwohner von Kambodscha: 16 Millionen

Sprache: Khmer

In ganz Kambodscha wird das »Festival für Wasser und Mond« gefeiert, um das Ende der Regenzeit zu begehen. Der Gewinner des Kanurennens wird ein Jahr lang Glück haben.

Wenn du klein genug bist, taugt alles als Boot.

Jedes Jahr kommen mehr Touristen, um unser Dorf zu besichtigen. Manche Dorfbewohner fahren sie mit dem Bootstaxi oder bewirten sie in einem schwimmenden Restaurant.

DIE WESTLICHE MONGOLEI

Ich heiße Akbota und lebe in der Mongolei am Fuß des Altaigebirges. Es weht ein kalter Wind und es gibt wenig Pflanzen. Die meisten Menschen sind Hirten und Jäger.

Wir haben Ziegen, Schafe und Kamele. Wir leben in Jurten, das sind Zelte, die wir mitnehmen, wenn wir unterwegs sind. Im Frühling führen wir die Herden auf 100 Kilometer entfernte Weiden.

Ich gehe in die Schule und möchte später Lehrer werden. Mein Vater ist Falkner von Beruf, er ist einer der wenigen, die noch mit Seeadlern jagen. Und er bringt mir den Umgang mit den schönen Vögeln bei. Eigentlich sollten nur Jungen das machen, aber es gibt eine berühmte Jägerin, sie heißt Aisholpan, und ich möchte so sein wie sie. Du musst wirklich gut reiten können und sehr kräftig sein, denn Adler sind stark genug, um einen Fuchs zu fangen.

Einwohner der Mongolei:
3 Millionen

Anzahl der Adler jagenden Familien:
200

Sprachen:
Mongolisch, Oiratisch, Burjatisch

Die Falkner holen den Adler aus dem Nest, wenn er noch sehr jung ist, sie nehmen nur Weibchen, die sind größer und entschlossener als die Männchen. Wir trainieren sie darin, mit uns zu jagen. Sie bleiben für ein paar Jahre bei uns, dann entlassen wir sie in die Freiheit. Es ist immer traurig, Abschied zu nehmen, aber es ist besser für sie.

Viele von uns gehen in die Stadt wie meine drei Brüder, um zu studieren oder zu arbeiten. Ich aber würde gern bleiben, um mit Adlern zu jagen und hier einen Beruf auszuüben.

AUSTRALIEN

Ich heiße Stephen und ich lebe im Uluru-Kata-Tjuta-Nationalpark in der Mitte Australiens. Trockene Grasebenen, rote Erde und heilige Stätten prägen die Landschaft.

Einwohner von Mutitjulu:
400

Ausbreitung des Uluru-Kata-Tjuta-Nationalparks:
1334 km²

Sprachen:
Pitjantjatjara, Yakantjatjara, Luritja und Englisch

Ich lebe in Mutitjulu, einer kleinen Gemeinde in der Nähe des Uluru. Das ist ein alleinstehender Felsen, der sich 358 Meter über die Wüste erhebt. Für die Anangu, die Ureinwohner, hat er große Bedeutung. Aus der Entfernung scheint er glatt zu sein, doch aus der Nähe erkennt man Höhlen, Grate und Löcher. Millionen von Touristen, die den Berg bestiegen haben – was heute nicht mehr erlaubt ist – hinterließen eine lange, weiße Narbe. Man kann auch Felsenmalereien entdecken.

Meine Vorfahren lebten hier seit mehreren Zehntausend Jahren – wir sind eine der ältesten Kulturen der Welt. So haben wir die Pflicht, uns um das Land zu kümmern. Die Erwachsenen lehren uns Tjurkurpa – das in Musik, Malerei und Geschichten bewahrte Wissen um unser Land und seine Geschichte.

In den Geschichten über den Uluru und seine Umgebung wird erzählt, dass die Löcher im Uluru vom Speer von Liru stammen, dem Giftschlangenmann, und die Risse an der Seite von Kuniya, der Woma-Python-Frau, die sich im Kampf verteidigte.

Auch wenn unsere Rituale tausend Jahre alt sind, führen wir dennoch ein modernes Leben. Ich gehe zur Schule und ins Freibad und spiele Videospiele. Aber ich lerne auch Tjurkurpa von meiner Familie.

DIE YUNGAS IN BOLIVIEN

Ich heiße Jaime und ich lebe in den Yungas in Bolivien, im Bergnebelwald am Fuß der Anden.

Mein Tag beginnt damit, dass ich meinem Vater helfe. Er baut Kartoffeln, Mais und Orangen an und hält auch Bienen. Die Erde und das warme Regenklima hier sind sehr gut für den Anbau.

Meine Schule befindet sich genau auf der anderen Seite des großen Tals, und ich komme auf ungewöhnliche Weise dorthin: Mein Vater hat eine Seilbahn gebaut, die die Bauern benutzen, um über das Tal zu kommen. Damit zu fahren, ist wie Fliegen, deswegen heißen die Bauern auch »Vogelmänner«, ich bin einer von ihnen. Den Rest der Strecke muss ich mich selbst hinüberziehen und dann noch einen knappen Kilometer gehen. Freunde von mir haben einen Fußweg von zweieinhalb Stunden zur Schule.

Die Yungas bestehen aus Wäldern entlang der Anden in Bolivien, Peru und Argentinien.

Einwohner Boliviens: 11 Millionen

Sprachen: Spanisch, Ketschua und Aymara

Ich gehe gern zur Schule und lerne fleißig, denn ich möchte einmal Ingenieur werden. Ich will dann Brücken bauen – und die erste wird eine über unser Tal sein, anstelle der Seilbahn meines Vaters.

Der Unterricht endet um 14 Uhr, so kommen alle bei Tageslicht nach Hause, denn der Dschungel ist im Dunkeln gefährlich. Tagsüber kann man den Weg mit einem Stock nach Schlangen absuchen, im Dunkeln sieht man sie nicht, man kann stürzen und sich verletzen, weit entfernt von jeglicher Hilfe.

Djenné, Stadt aus Lehmziegeln

Ich heiße Komusa und ich lebe in Djenné, einer Stadt in Mali. Sie liegt zwischen der großen Sahara und dem Grasland der Savanne.

In meiner Stadt gibt es ein ganz besonderes Gebäude: die Große Moschee. Dorthin gehen wir zum Gebet. Es ist das größte aus Lehmziegeln errichtete Gebäude der Welt. Die Ziegel wurden aus Lehm, Sand, Reisspelzen und Wasser gefertigt und dann in der Sonne getrocknet. In der Moschee befinden sich 99 Säulen, die für die 99 Namen Gottes stehen.

Einmal im Jahr nehmen alle an der Reparatur der Großen Moschee teil. Die Frauen bringen Wasser, und die Männer bereiten den Lehmputz für die Maurer vor – mein Vater ist einer von ihnen! Während der Arbeit spielen Musikanten, und es gibt viel zu essen. Tatsächlich würde die Moschee einstürzen, wenn wir uns nicht um sie kümmern würden.

Ich lebe mit meiner Mutter, meinem Vater, meinem Bruder Amadou und meiner Schwester Asetou zusammen. Unser Haus ist auch aus Lehm gebaut. Mein Vater erneuert es jedes Jahr nach der Regenzeit. Ich lerne, ein Maurer zu sein wie er. Ich muss Dinge hin- und hertragen, aber später werde auch ich die geheimnisvollen Zauberworte lernen, die nur die Maurer aus Djenné kennen.

Häuser aus Lehmziegeln sind im Sommer innen eher kühl und im Winter warm. Dennoch würden manche lieber in einem richtigen Haus wohnen, damit sie es nicht jedes Jahr erneuern müssten. Mir geht es nicht so.

Mali ist ein Binnenland in Nord-Afrika.

Bevölkerung von Djenné: 33 000

Sprachen: Französisch, Bambara, Fulfulde, Tamascheq, Dogon, Songhai

NEW YORK CITY

Hi, ich bin Alex.
Ich lebe in New York City, in der Nähe der 125. Straße, mitten in Harlem.

Ich wohne mit meiner Mutter in einem Komplex von sechs Mietshäusern. Es gibt ein Spielzimmer und einen Spielplatz. In das japanische Restaurant gehen wir zu besonderen Anlässen. Die Bäume sind voller Vögel, und an Sommerabenden blinken die Leuchtkäfer in den Zweigen.

New York City ist die Stadt mit der größten Bevölkerungsdichte in den USA

Einwohner:
8,5 Millionen

Sprachen:
Englisch, Spanisch und viele andere Sprachen

Wir wohnen im 19. Stock. Das ist toll, denn von hier oben kann ich die Lastkähne und Schlepper auf dem Fluss sehen und auch die Flugzeuge und Hubschrauber, die auf dem Flughafen starten und landen. Die U-Bahn, die in unserer Nähe aus der Erde kommt, sieht aus wie eine Spielzeugeisenbahn. Aber wenn der Aufzug nicht funktioniert, ist es nicht so toll …

Zur Schule fahre ich mit meinen Freunden Ravi und Jatin zweieinhalb Kilometer mit dem Bus oder der U-Bahn.

Nicht weit von uns sind der Riverside Park und der Central Park, ich fahre da Fahrrad und spiele Fußball. Oder ich gehe angeln, am See im Central Park oder am Hudson. Einmal war ich mit auf einem Fischerboot im Hafen, wir fingen zwei große Flundern und haben dann Sushi gemacht.

SHETLAND

Ich bin Connor. Ich wohne auf einer windumtosten Insel weit draußen in der Nordsee zwischen Schottland und Norwegen.

Ich lebe auf Mainland, der größten der Shetlandinseln. Es gibt hier Hunderte von Inseln, aber nur 16 von ihnen sind bewohnt. Manche sind durch Brücken verbunden oder es fahren Fährschiffe von einer zur anderen. Viele Namen der Inseln – Unst, Yell, Fetlar, Mousa, Muckle Flugga – stammen aus der altnordischen Sprache der Wikinger, die hier einst lebten.

Meine Schule ist in Lerwick, der Hauptstadt von Mainland. Wir lernen, was alle Schüler in Schottland lernen, obwohl das 170 km entfernt liegt. Mein Bruder geht auf die Realschule, an der meine Mutter als Lehrerin arbeitet.

INSELN

Im Sommer wird es kaum dunkel hier oben. Wir picknicken am Strand und schwimmen im kalten, aber klaren Meer. Manchmal sehen wir Orcas auf der Jagd nach Seehunden.

Mitten im Winter sind die Tage kurz. Die Sonne geht erst nach 9 Uhr auf und vor 15 Uhr wieder unter. Doch es gibt einen besonderen Höhepunkt in den dunklen Januartagen: das Fest »Up Helly Aa«. Ein Jahr lang wird ein Wikingerboot gebaut und auf dem Fest in Brand gesetzt! Es gibt Umzüge, bei denen alle verkleidet sind, viel Spaß haben und feiern. In jedem Jahr wird ein Mann von den Shetlandinseln ausgewählt, der »Jarl« zu sein, der für alles verantwortlich ist. Die 900 Mann, die zu ihm gehören, heißen »Guizer«.

Bewohner der Shetlandinseln:
23 000

Einwohner Schottlands:
5,4 Millionen

Sprachen: Shetland-Scots, Schottisches Gälisch und Englisch

JAMAL-HALBINSEL

Angehörige der Nenzen:
45 000

Größe der Jamal-Halbinsel:
122 000 km²

Sprachen:
Nenzisch mit zwei Dialekten (Wald und Tundra), Russisch

Ich heiße Nyadma und wohne auf der Jamal-Halbinsel im hohen Norden Russlands. Jamal heißt soviel wie »Ende der Welt«. Ich gehöre zum Volk der Nenzen. Wir ziehen mit unseren Rentierherden über die Tundra und durch die Wälder.

Rentiere sind SEHR wichtig für uns. Sie sind Transportmittel, Nahrung, Kleidung und so etwas wie Heimat. Wir essen das Fleisch, fertigen besondere, schützende Kleidung und Zelte aus dem Fell, Lassos aus den Sehnen und aus den Knochen Schlitten und Werkzeuge.

Unsere Zelte heißen Mya. Rentierfelle (auch andere Materialien) werden über Holzstäbe gespannt. Sie sind leicht abzubauen und zu transportieren, wenn wir mit den Herden weiterziehen.

Im Winter kann die Temperatur unter 50 Grad Celsius sinken, dann ziehen die erwachsenen Nenzen in die südlichen Wälder, wo sich die Rentiere von Flechten und Moosen ernähren. Wir Kinder gehen währenddessen vom Herbst bis zum Frühling in einem Internat in Vorkuta zur Schule. Dort lernen wir dasselbe wie alle anderen russischen Kinder. Im Sommer, wenn es für die Herden wieder Nahrung in der Tundra gibt, kehren wir zu unseren Familien zurück, die wir so lange vermisst haben.

Unser Land verändert sich. Das Eis schmilzt früher und gefriert später im Jahr, und sogar der Dauerfrostboden beginnt zu schmelzen. Firmen bohren nach Öl und Gas auf unserem Weideland, das von Explosionen und Gasaustritten zerstört wird. Wir beten, dass wir dennoch unser gewohntes Leben fortsetzen können!

Weitere Informationen zum Kinder- und Jugendbuchprogramm der S. Fischer Verlage
finden Sie unter www.fischerverlage.de

Der Fischer Kinder- und Jugendbuch Verlag hat sich zu einer nachhaltigen Buchproduktion verpflichtet. Gemeinsam mit unseren Partnern und Lieferanten setzen wir uns für eine klimaneutrale Buchproduktion ein, die den Erwerb von Klimazertifikaten zur Kompensation des CO_2-Ausstoßes einschließt.
Weitere Informationen finden Sie unter: www.klimaneutralerverlag.de

2. Auflage 2024
Erschienen bei FISCHER Sauerländer

Titel der Originalausgabe: This is our World
Zuerst erschienen 2020 bei Kingfisher, Imprint von Pan Macmillan

Umschlaggestaltung: Dahlhaus & Blommel Media Design, Vreden
Satz: Tanja Haaf
Übersetzung aus dem Englischen: Mathias Jeschke
Printed in China

ISBN 978-3-7373-5889-7